This Book Belongs to:

D1736785

WORD SEARCH

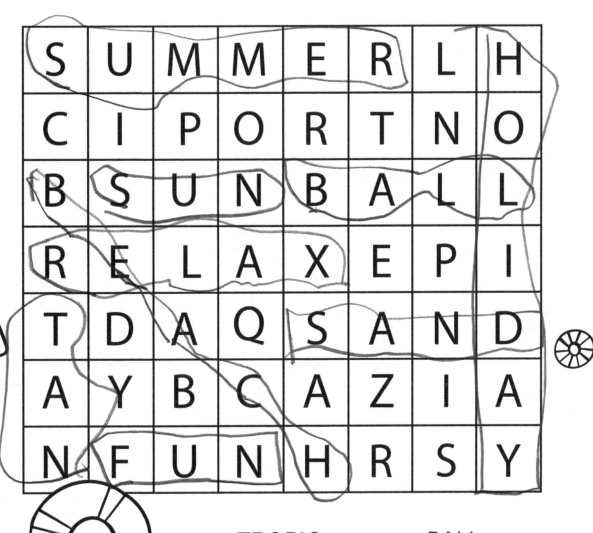

S	U	M	M	E	R	L	H
C	I	P	O	R	T	N	O
B	S	U	N	B	A	L	L
R	E	L	A	X	E	P	I
T	D	A	Q	S	A	N	D
A	Y	B	C	A	Z	I	A
N	F	U	N	H	R	S	Y

TROPIC   BALL

BEACH   TAN

SUMMER   RELAX

HOLIDAY   SUN

SAND   FUN

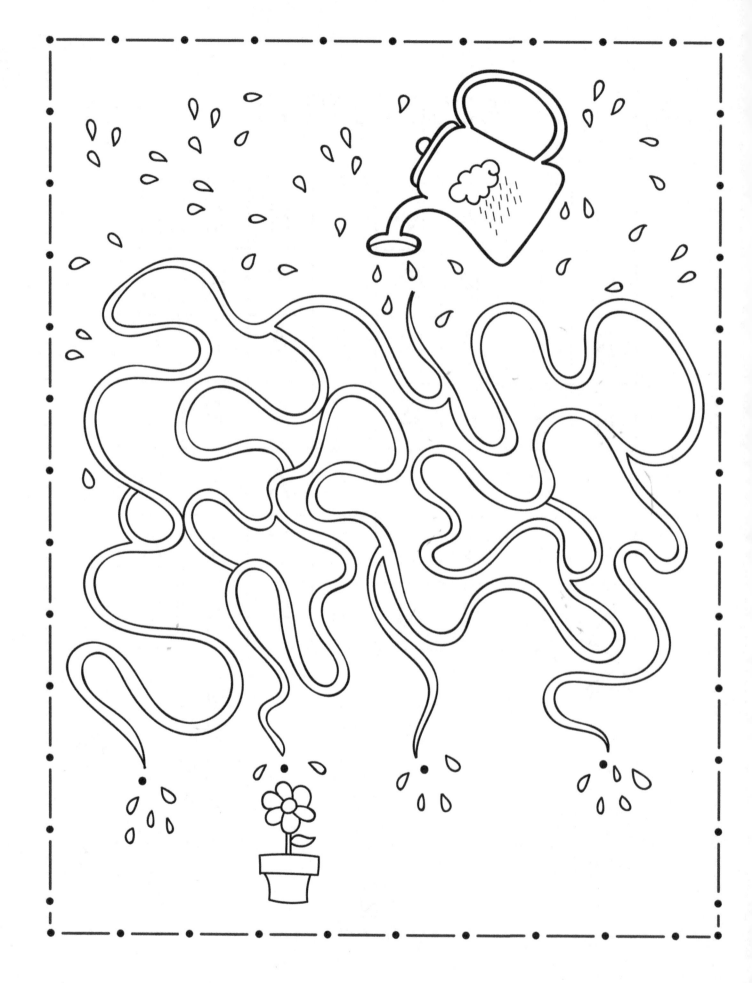

Complete the Picture

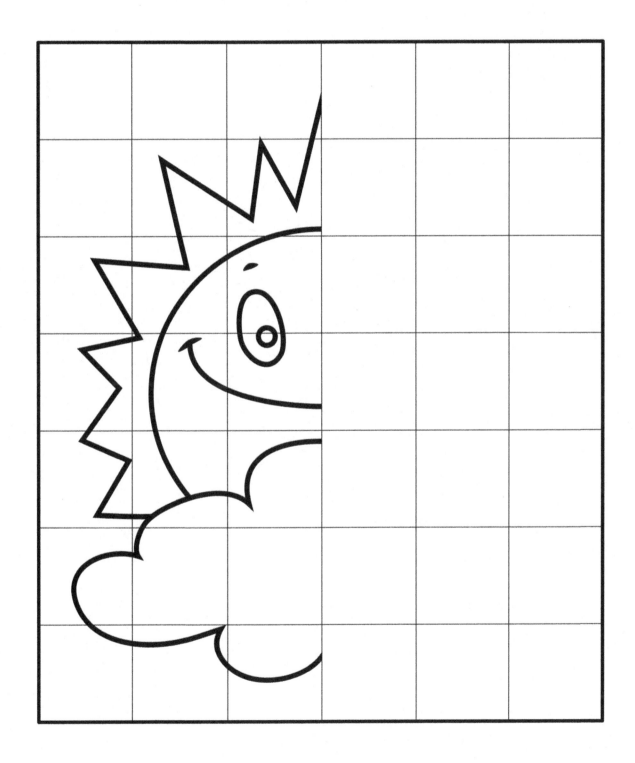

6	6	6	6	0	0	6	6	6	6	6	0	0	0	0	7	0	0	0	0	0	0
6	6	6	6	0	0	0	0	6	6	0	0	0	0	0	0	7	0	0	0	0	0
6	6	6	6	0	0	0	0	0	6	6	0	0	4	2	7	7	7	2	0	0	0
0	0	6	6	6	0	0	0	0	0	6	4	4	2	2	2	4	2	4	2	4	0
0	0	0	6	6	6	0	0	0	4	4	4	4	2	4	2	4	2	4	4	2	4
0	0	0	0	6	6	6	0	4	4	4	4	2	4	2	4	4	2	4	4	4	2
6	6	0	0	0	0	6	4	4	4	4	2	4	4	2	4	4	2	4	4	4	2
6	6	6	0	0	0	4	4	4	2	2	4	4	4	2	4	4	4	2	4	4	2
6	6	6	6	0	4	4	4	4	2	4	4	4	2	4	4	4	2	4	4	4	4
6	6	0	0	6	4	4	4	2	2	4	4	4	2	4	4	4	2	4	4	4	4
0	0	0	0	4	4	4	2	2	4	4	4	2	4	4	4	4	2	2	4	4	4
0	0	0	6	4	4	4	2	2	4	4	2	2	4	4	4	4	2	2	4	4	4
0	0	6	0	4	4	4	2	4	4	4	2	4	4	4	4	4	3	3	3	4	
6	6	6	0	4	4	2	2	4	4	2	2	4	4	4	4	1	1	2	3	3	4
6	6	0	0	4	4	2	2	4	4	2	2	4	1	1	1	1	1	1	2	3	3
6	6	0	0	4	4	4	2	4	4	2	1	1	1	1	8	1	8	1	2	3	3
6	0	0	0	4	4	4	4	2	1	1	8	1	8	1	8	1	1	1	2	3	3
0	0	0	6	6	4	4	4	1	1	1	8	1	1	1	1	1	1	1	2	3	3
0	0	6	0	0	0	1	1	1	8	1	1	1	1	8	1	1	1	1	2	3	4
6	6	0	0	0	1	8	1	1	8	1	8	1	1	1	1	1	1	1	2	3	4
6	6	0	0	1	1	1	1	1	1	1	1	1	8	8	1	1	1	1	2	3	4
6	6	0	1	1	1	1	8	8	1	1	8	1	1	1	1	1	1	2	3	4	0
6	0	1	1	8	8	1	1	1	1	1	8	1	1	1	1	1	1	2	3	0	0
0	3	2	1	1	1	1	1	8	1	1	1	1	1	1	1	1	2	3	0	0	0
0	0	3	2	2	1	1	1	1	1	1	1	1	1	1	2	2	3	5	5	5	0
0	5	5	3	3	2	2	2	2	2	2	2	2	2	2	3	3	5	5	5	5	5
5	5	5	5	5	3	3	3	3	3	3	3	3	3	3	3	5	5	5	5	5	5
5	5	5	5	5	5	5	5	5	5	5	5	5	5	5	5	5	5	5	5	5	5

0 - White   2 - Olive   4 - Light Green   6 - Yellow   8 - Black

1 - Red   3 - Green   5 - Light Blue   7 - Brown

Find 10 Differences

1 - Yellow   3 - Green   5 - Purple   7 - Pink

2 - Orange   4 - Red   6 - Blue

Complete the Picture

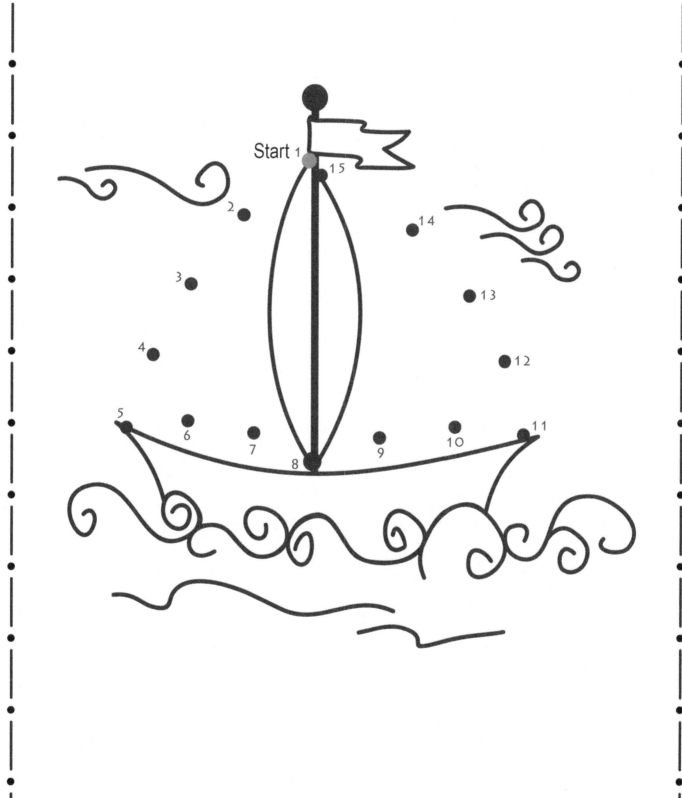

Start

HOW MANY ?

1 - Blue   3 - Yellow   5 - Orange

2 - Green   4 - Beige   6 - Red

Copy the
Picture

6	6	6	6	6	6	6	6	0	6	0	6	6	0	0	6	6	6	6	6	6	6
6	6	6	6	6	6	0	0	0	0	0	0	0	0	0	0	0	6	6	6	6	6
6	6	6	6	6	0	0	6	0	0	7	7	0	0	0	6	0	0	6	6	6	6
6	6	0	0	0	0	0	0	0	7	6	6	7	0	0	0	0	6	0	0	6	6
6	0	6	0	6	0	0	0	7	6	7	7	6	7	0	0	0	0	0	0	0	6
6	0	0	0	0	0	0	7	6	7	4	4	7	6	7	0	0	6	6	0	0	0
0	6	0	0	0	0	7	6	7	4	3	3	4	7	6	7	0	0	0	0	0	6
6	0	0	0	0	7	6	7	4	3	3	3	3	4	7	6	7	0	0	6	0	0
0	0	0	0	7	6	7	4	3	3	3	3	3	3	4	7	6	7	0	0	0	0
0	0	0	7	6	7	4	3	3	3	3	3	3	3	3	4	7	6	7	0	0	0
0	0	7	6	7	4	3	3	3	3	3	3	3	3	3	3	4	7	6	7	0	0
0	7	6	7	4	4	4	4	4	4	4	4	4	4	4	4	4	7	6	7	0	0
7	6	7	4	4	4	2	2	2	4	4	4	4	4	4	4	4	4	7	6	7	7
0	7	4	4	4	2	0	1	0	2	4	4	4	2	2	2	2	4	4	4	7	0
0	0	4	4	2	0	1	1	1	0	2	4	2	2	2	2	2	4	4	0	0	0
0	0	4	4	2	0	1	5	1	0	2	4	4	4	4	4	4	4	4	0	0	0
0	0	4	4	2	0	0	5	0	0	2	4	2	2	2	2	2	4	4	0	0	0
0	0	4	4	2	0	8	8	8	0	2	4	2	2	2	2	2	4	4	0	0	0
0	0	4	4	2	0	8	8	8	0	2	4	2	2	2	2	2	4	4	0	0	0
0	0	4	4	2	2	2	2	2	2	2	4	2	2	2	2	2	4	4	0	0	0
0	0	4	4	4	4	4	4	4	4	4	4	2	2	2	9	9	2	4	4	0	0
0	8	4	8	4	8	4	8	4	8	4	4	2	2	2	2	2	2	4	4	0	0
8	8	8	8	8	8	8	8	8	8	8	4	2	2	2	2	2	2	4	4	0	0
0	8	4	8	4	8	4	8	4	8	4	4	2	2	2	2	2	2	4	4	0	0
0	8	4	8	4	8	4	8	4	8	4	4	2	2	2	2	2	2	4	4	0	0
8	8	8	8	8	8	8	8	8	8	8	9	9	9	9	9	9	9	9	9	9	0
5	8	9	8	9	8	9	8	9	8	9	9	9	9	9	9	9	9	9	9	9	5
5	5	5	5	5	5	5	5	5	5	5	5	5	5	5	5	5	5	5	5	5	5

0 - White   2 - Green   4 - Yellow   6 - Light Blue   8 - Brown

1 - Red   3 - Orange   5 - Light Green   7 - Blue   9 - Grey

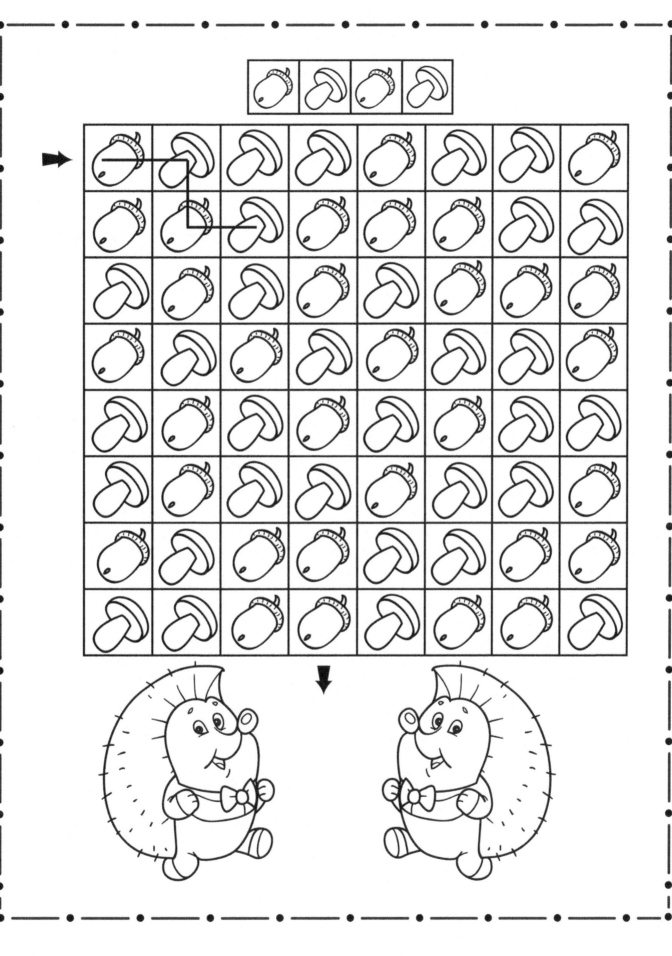

1 -Pink   3 - Green   5 - Orange   7 -Red

2 - Blue   4 - Yellow   6 - Brown   8 - Black

```
0 0 0 5 2 5 2 2 5 2 5 0 0 0 0 0 0 0 0 0 0 0 0
0 0 0 0 5 2 2 2 2 5 0 0 0 0 0 1 1 1 1 1 0 0
0 0 0 0 0 5 5 5 5 0 0 0 0 0 1 1 0 0 0 0 0
0 0 0 0 0 0 0 0 0 0 0 0 0 0 1 0 0 0 0 0 0
0 0 0 0 0 0 0 0 0 0 0 0 0 1 1 0 0 0 0 0 0
0 0 0 0 3 3 3 3 3 0 0 0 0 1 0 0 0 0 0 0 0
0 0 3 3 2 2 2 2 2 3 0 0 0 1 0 0 0 0 0 0 0
0 3 2 2 3 2 2 2 3 2 3 0 1 1 0 0 0 0 0 0 0
0 3 2 2 2 3 2 3 2 2 3 6 1 6 6 0 0 0 0 0 0
0 3 2 2 2 3 2 2 2 3 0 1 0 6 6 0 0 0 0 0
0 3 2 2 3 6 6 6 6 6 6 6 6 7 6 0 0 0 0 5 5
0 3 2 3 2 6 7 7 7 7 7 7 7 7 6 0 0 0 5 2 2
0 0 3 2 2 6 7 7 7 7 7 7 7 7 6 0 0 5 2 5 2
0 0 0 3 3 6 3 3 3 3 3 3 0 3 3 6 0 0 5 2 2 5
5 0 0 0 0 6 3 3 0 3 3 3 3 3 0 6 0 0 5 2 5 2
2 5 0 0 0 6 3 3 3 3 0 3 0 3 3 6 0 0 5 5 2 2
2 5 5 0 0 6 6 2 2 2 2 2 2 2 6 6 0 0 0 5 2 2
5 2 5 0 0 0 6 0 2 2 2 2 2 2 6 0 0 0 0 0 5 5
2 2 5 0 0 0 6 2 2 2 2 2 2 2 6 0 0 0 0 0 0 0
5 2 5 0 0 0 6 0 2 2 2 2 2 2 6 0 0 0 0 0 0 0
2 5 0 0 0 0 6 2 0 2 2 2 2 2 6 0 0 0 0 0 0 0
5 0 0 0 0 0 6 2 2 2 2 2 2 2 6 0 0 0 0 0 0 0
0 0 0 0 0 0 6 0 2 2 2 2 2 2 6 0 0 0 0 0 0 0
4 0 0 0 0 0 6 2 2 0 2 2 2 6 6 0 0 0 0 0 4 4
4 4 0 0 0 0 0 6 0 3 3 3 3 6 0 0 0 0 4 4 4 4
4 4 4 0 0 0 0 6 6 6 6 6 6 6 0 0 4 4 4 4 4 4
4 4 4 4 4 4 4 4 6 6 6 6 6 4 4 4 4 4 4 4 4 4
4 4 4 4 4 4 4 4 4 4 4 4 4 4 4 4 4 4 4 4 4 4
```

0 - White 2 - Yellow 4 - Green 6 - Blue

1 - Red 3 - Orange 5 - Light Green 7 - Light Blue

Find 10 Differences

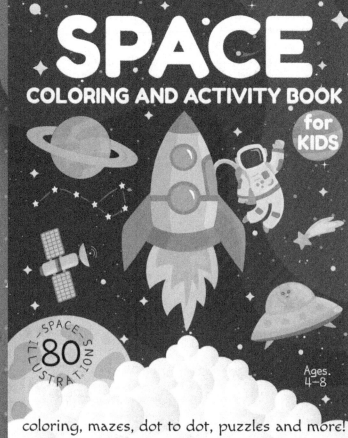

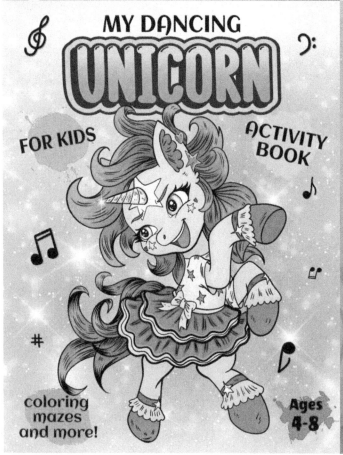

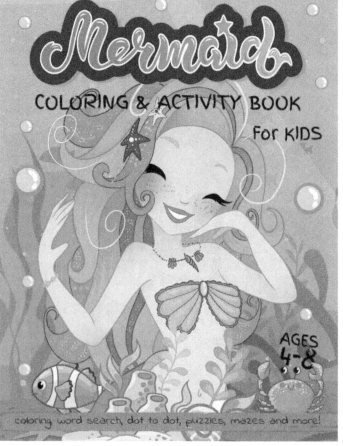

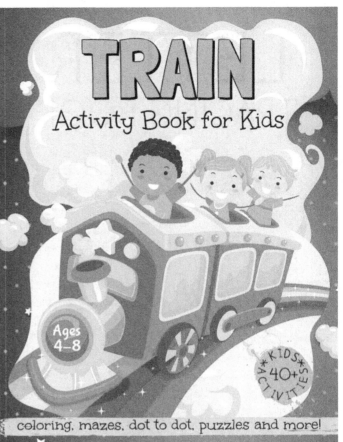

LETTER
TRACING BOOK

Practice For Kids Ages 3-5

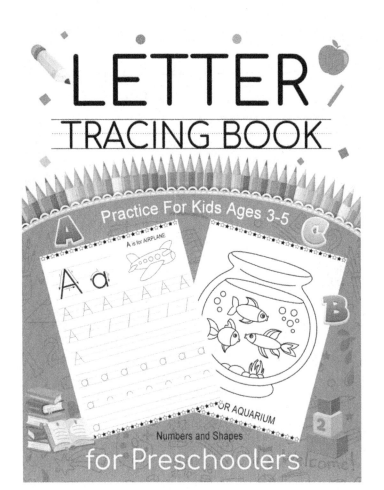

A is for AIRPLANE

A a

...OR AQUARIUM

Numbers and Shapes

for Preschoolers

Age 2+

TRACING
For Toddlers

Beginner to Tracing Lines
Shapes & ABC Letters

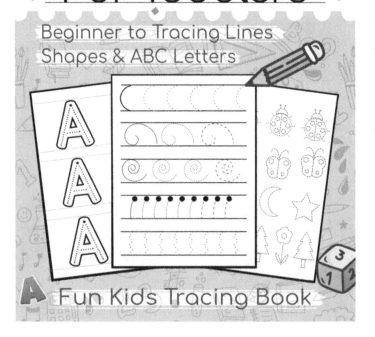

Fun Kids Tracing Book

Made in the USA
Coppell, TX
06 May 2020